Michael Beck Szenario-Plan-Methode

Michael Beck

# Szenario-Plan-Methode

## Stolpersteine wegräumen.
## Über die Selbstkonstruktion des Lernens

Frank & Timme
Verlag für wissenschaftliche Literatur

Umschlagabbildung: „Table football game. The player who was always too late“


ISBN 978-3-86596-341-3



Herstellung durch das atelier eilenberger, Taucha bei Leipzig.
Printed in Germany.
Gedruckt auf säurefreiem, alterungsbeständigem Papier.

www.frank-timme.de

# Inhaltsverzeichnis

**Grafiken**

# Vorwort

Auf Sonntagsausflügen pflegte mein Vater zu sagen, Goethe hätte gemeint, „das Beste lernt man gelegentlich". Dann durfte ich eine Kirche betrachten, seltene Pflanzen kennenlernen oder zuschauen, wie eine Neckarschleuse funktioniert – Sachen, die ich mir bis heute gemerkt habe. Ich habe bei Goethe die entsprechende Stelle in der Literatur nie gefunden, hatte aber immer wieder durch den strengen Unterricht an meinem Gymnasium und die damit verbundenen entgegengesetzten Erfahrungen lernen müssen, dass die beiden recht hatten. Die Pädagogik allgemein und viele pädagogische Einrichtungen nahmen sich diese Gunst des Gelegentlichen allerdings schon zu Herzen und interpretierten diesen Gedanken so: Lernen soll eine Bereicherung der Persönlichkeit sein, soll Spaß machen, soll möglichst den Lernenden gemäß sein, soll Situationen angemessen sein usw. Lernen unter formalem Zwang, einer formalisierten Zeiteinteilung, einer formalisierten Bewertung kann sich nur ein ebenso formales Schulsystem leisten. Ob es dann sozialen Veränderungen in der Schülerstruktur gerecht werden, tatsächlich die erwünschte Leistungserbringung erzeugen kann, bleibt eine offene Frage. Viele gesellschaftliche Bereiche sind heute so überbürokratisiert, dass natürlich der öffentliche pädagogische Bereich hier kaum ausgespart werden kann.

Aber was ist, wenn in kurzer Zeit gezielt auf Lernbedürfnisse eingegangen werden muss, weil auch wirtschaftliche Sachzwänge es erfordern? Dann müssen Jugend- und Erwachsenenbildung, Personal- und Organisationsentwicklung nutzbringend sein; das erfordern die Umstände, gewisse Sachzwänge und eine kaufmännische Philosophie, die verdeutlicht, dass persönliche Kompetenzen von Berufsinhabern unabdingbar sind. Aber leider werden sie nur dann gefordert, wenn die Vorstellungskraft der Verantwortlichen auch tatsächlich diese Gewichtung zulässt: Eine moderne, demokratische Volkswirtschaft ist ohne allgemein verbreitete Bildung nicht oder nur sehr defizitär möglich.

In all meinen Berufsjahren in der Jugend- und Erwachsenenbildung hatte ich meistens das Glück und die Möglichkeit, weit weg von der „political correctness" pädagogische Aufgaben gestellt zu bekommen, die nur kreativ zu lösen waren. Eines der wichtigsten Momente dabei war, dass ohne Vertrauen in die Studienteilnehmer, zu Beratenden oder Probanden keine erfolgreiche Arbeit möglich war. Mittel, die in Lernsituationen zur Verfügung gestellt wurden, sollten aus freien Stücken angenommen werden, benutzt werden für den Zweck, selbst etwas zu lernen. So habe ich Menschen kennenlernen dürfen, die nicht malen oder zeichnen konnten und die nach einem Kurs imstande waren, Freihandzeichnungen anzufertigen, Personen mit Angst vor dem Computer, die später ihren Laptop beherrschten, Personen mit schwacher verbaler Ausdruckskraft, die nach einem Training im Verkauf tätig wurden, Personen, die sich im Umweltsektor schulen ließen (über 1000 Absolventen), obwohl es laut Behörde überhaupt keine freie Stelle in diesem Bereich gab, und die doch zu fast 100% eine feste Anstellung erhielten, und Personen, die sich unter einem Beratungsgespräch nichts, aber auch gar nichts vorstellen konnten und dann meinen Bürotisch in eine fabrikartige Kulisse verwandelten und deutlich anzeigten, welche biografischen Punkte für sie ganz wichtig sind. Aus dieser Praxis heraus gelangte ich zu der Erkenntnis, wie bedeutsam die „Dinge" sind und wie man „die Dinge sehen" kann.

Nach der Entwicklung dieser Erfahrung zur Methode erinnere ich mich zurück, wann mir schon einmal bewusst geworden ist, dass „Dinge" einen hohen symbolischen Wert besitzen können: zum Beispiel als ein Vorgesetzter zu Beginn eines Vieraugengesprächs seine Armbanduhr ablegte und sie demonstrativ (!) auf dem Besprechungstisch platzierte mit dem unausgesprochenen Hinweis „viel Zeit bist du mir nicht wert". Oder als ich einen Passanten auf Sizilien während eines Palermoaufenthaltes nach dem Weg fragte und er mir nicht nur mit Händen und Füßen, sondern mit seinem ganzen Körper sagte, dass eine Weggabelung kommt, dass es, um zu meinem Ziel zu gelangen, eine lange, hohe Treppe gibt, die man nicht mit dem Auto befahren kann – eigentlich klar, aber wie man mir das szenisch veranschaulichte, war beeindruckend. Und schließlich nahm er einen daliegenden Ast und malt in den Staub der Straße den Platz mit dem großen Gebäude auf, in dem sich die „Albergo" befindet. Wie hieß es – „das Beste lernt man gelegentlich"?! Als Erwachsenenbildner, der nie abschalten kann, notierte ich mir diese dreidimensionale „handgreifliche" Wegerklärung in mein Reisetagebuch und sinnierte später darüber, ob das nach einer pädagogischen Kreation schreit.

Schließlich kam der Auftrag, mit äußerst schwierigen, international zusammengewürfelten Mitarbeitern einer Lebensmittelmanufaktur nach den Ursachen für den Verbleib von unschönen Restteilen im Endprodukt zu forschen. Da haben wir gemeinsam die möglichen Wege dieser Restteile verfolgt, mit allen Störungen, hier Stolpersteine genannt, die man sich denken kann, bis wir ihre „Geografie" und ihr Eigenleben, das leider nicht so „eigen" war, herausgefunden hatten. Das verursachte zum Teil böses Blut im Betrieb, aber auch eine existenziell wichtige Problemlösung. Nach weiterem Durchdenken und Tüfteln, nach entsprechenden Literaturstudien war sie dann geboren: meine „Szenario-Plan-Methode"!

Viele Spaß beim Lesen! Und viel Erfolg beim eigenen Experimentieren mit dieser Methode!

Sollten Sie Fragen haben, dann mailen Sie mir einfach: beck-nue@web.de!

*Michael Beck*

# Kapitel 1
# Über die Konstruktion der Erfahrungswelten

Was ist ein Paradies? Eine schwierige Frage, über die man lange philosophieren könnte. Die Frage hingegen, ob dies oder das für mich ein Paradies ist, scheint einfacher zu sein. Der Befragte braucht sich lediglich zu überlegen, ob er etwas als paradiesisch empfindet, betrachtet oder eben als solches für sich psychologisch konstruiert. Die Pädagogik oder Lernpsychologie beschäftigt sich seit Urzeiten mit dem Verhältnis Mensch – Umwelt, um daraus abzuleiten, wie man jemandem am besten etwas beibringen kann. Es soll hier gewagt werden, zurückzukehren zum gesunden Menschenverstand. Im Umgang mit ganz „normalen" Menschen mit ihren ganz normalen eigenen Stolpersteinen wurde die hier vorgestellte Methode entwickelt. An ihr kann man sich in der pädagogischen Arbeit orientieren, um Wege zu finden, wie man zu Form und Inhalt seiner eigenen Wirklichkeit kommen kann, um zu erkunden, was man sieht, was etwas bewirkt, welche Einstellung man dazu hat. Das klingt sehr einfach – ist es auch! Wer schwierige oder nur für einen selbst völlig neue pädagogische Aufgaben mit speziellen Zielgruppen übernimmt, beginnt automatisch, sich besonders intensiv mit der Zielgruppe zu befassen und sie selbst zu Wort kommen zu lassen. Man könnte sofort vermuten, hier kommt die tausendste „Pädagogik der Freiheit". In der Tat geht es hier unter starker Einbeziehung der Zielgruppen um einen von den Teilnehmern mitgestalteten Lernprozess, der weitgehend auf ihrer eigenen Öffnung und Authentizität fußt. Dies fördert das Mitgestalten, die Übernahme von Verantwortung, aber auch die Selbsteinschätzung von Leistung.

Da vieles in den Lebenswelten verborgen bleibt, in offiziellen oder Politiksprachen codiert ist, geformt in den Spezifika der einzelnen Medien, bis hin zur vollkommenen Virtualität außerhalb der Alltagswirklichkeiten, erscheint es immer wichtiger, den Weg frei zu legen zu einer eigenen Sichtweise, zu einer eigenen Erfahrung und der Konstruktion der Welt, die sich daraus ergibt. Im Idealfall findet man dann heraus, welchen Platz man einnimmt.

Und da es in der Bildungsarbeit immer auch um Veränderung geht, führt diese Sichtweise zum Erkennen von Möglichkeiten, von Unterschieden, die man sehen lernen und erreichen kann.

Eine Management-Theorie, ein Lernzielkatalog, geschlossene pädagogische Konzepte beinhalten immer sämtliche Antworten auf die Fragen, wie man handeln soll, welche Ziele verfolgt werden, und sogar wie man Perfektion erreicht. Dies erfordern oftmals auch Sachzwänge. Leicht ist es aber nicht, nur dem „Du sollst“ zu folgen. Die „Rechnung“ wird manchmal „ohne den Wirt gemacht“, wie es so schön heißt, und die „Wirtsleute“ – das sind eigentlich die Betroffenen selbst.

Eine schwierige neue Herausforderung, bei der auch im Interesse der Teilnehmer neue Ziele angestrebt werden sollen, stößt hier unmittelbar auf eine zentrale Veränderung der Sichtweise zum Beispiel eines Frontalunterrichts, nämlich insofern die scheinbar Unbeteiligten als Beteiligte zu sehen sind. Ihre Erkenntnisse können zu ihrem eigenen Handeln führen. Ihre mitgebrachten **Erfahrungen** geben Aufschluss darüber, ob sie Möglichkeiten einer Veränderung erkennen können. Wie interpretieren sie die Wirklichkeit, ihre Wirklichkeit, und worin sehen sie **Repräsentanten**, die etwas verkörpern und die interpretiert in ihrem Gedächtnis abgespeichert sind?

Die Suche nach der Kultivierung von Erfahrung bringt einen in die Auseinandersetzung zwischen dem, was man weiß, kann, gesehen hat, erlebt hat, an biografischer Erfahrung mitbringt, und dem, was man sich vorstellen kann, was sein k a n n. So wird auch das eigene **Vorstellungsvermögen** geschult, eine vorweggenommene Erfahrung gebildet. Eine nicht vorhandene Fantasie – hier: konkretes Vorstellungsvermögen – dürfte wohl der Hauptstolperstein sein auf dem Weg, etwas zu verändern.

Für Lernsituationen ist es wichtig zu unterscheiden zwischen der Vorstellung eines Zustandes, wie er jetzt ist, und der Idee, wie sich gegebenenfalls eine Veränderung darstellen könnte – die eigene Person eingeschlossen. Der Ausschnitt einer Wirklichkeit lässt sich in veränderter Form in die Zukunft projektieren, sofern man sich das v o r s t e l l e n kann. Dafür sollte es Hilfsmittel geben. Denn wenn hier keine Brücke gebaut wird und jemand sich etwas nicht vorzustellen vermag, versiegen die Bemühungen darum und so kommt es unweigerlich zu der moralischen Bewertung, dass jemand eben etwas einfach nicht kann – folglich zur Note 6. Das widerspräche dem hier geschilderten Anliegen, nämlich dem des humanistischen Lernens.

Das Einbeziehen von Erfahrung, gemessen an einer momentanen Situation, und ihrer Projektion in eine mögliche Zukunft entspricht der allgemeinen Eigenschaft des Menschen, sich stets sowohl der Vergangenheit als auch der Gegenwart und der Zukunft bewusst zu sein. Arbeitet man mit diesen drei Dimensionen, kommt das auch den Lernbedürfnissen der Zielgruppen entgegen. In der abgebildeten Wirklichkeit eines **Szenarien-Planes©** sind diese drei Dimensionen ebenfalls sichtbar. Auch die thematisch angesprochenen Abbildungen haben eine Entstehungsgeschichte, einen momentanen Zustand und eine Zukunft, die allerdings zumindest teilweise von den beteiligten Lernenden abhängt, die diese mitgestalten sollen.

Man neigt dazu, sich auf einen Anker zu berufen, an dem alles hängt und der unveränderbar erscheint. Weiß man jedoch, wie etwas entstanden ist, weiß man es auch zu verändern. Es ließe sich auch sagen: Je nachdem, wie fest gefügt man die Dinge **betrachtet und interpretiert**, erscheinen sie auch veränderbar. Hier wird ansatzweise das Gegenteil der Haltung „alles bleibt, wie es ist" vertreten: **Veränderungspotenziale** werden gesucht, erforscht, experimentell gefunden. Im Gestalten des Szenario-Planes, im Lernprozess, sollen sich die Repräsentanten der Realität nach der Erkenntnis der Beteiligten ausrichten – nicht umgekehrt. Ohne eine Veränderungsabsicht, das heißt ohne die Absicht, etwas lernen zu wollen, benötigt man keine Bildungsarbeit mit Kindern, Jugendlichen und Erwachsenen.

Aus der Sicht und der positiven Grundeinstellung dieses Theorems eines **„Konstruktivismus"**, aus dem Erwachsenen-Ich gesprochen, auch unter der Vorgabe, dass es in jedem System soziale, technologische, juristische oder wirtschaftliche unveränderbare Macht- und Herrschaftszustände gibt, soll hier Kausalität sichtbar gemacht werden und so gut es geht, die Vernetztheit positiver und negativer Elemente transparent werden, begreifbar werden, warum etwas geschieht in einem ganz alltagspraktischen Sinn: Es offenbart sich ein zugelassener und gewollter Subjektivismus.

Im später konkret zu beschreibenden Szenario-Plan erlebt man nachgestellt das Erfahrene als **Kommunikation** aus vielen verschiedenen Elementen unterschiedlichen Wesens (Finanzen, Meinungen, Sachzwänge, Gesetze, Personen, Abläufe etc. pp.). Man ist in gewisser Weise dem „Plan" als eine objektive Welt ausgesetzt. Es ist gleichzeitig von jedem Beteiligten zu verlangen, sich an der Kommunikation, der Auswertung von Erfahrung, zu beteiligen und im Rahmen dieser Methode aktiv an der materiellen Konkretisierung mitzutun. Eine solche Plattform erreicht, dass die beteiligten Personen weder erkenntnislos bleiben noch sich handlungsunfähig fühlen und auch nicht sprachlos sind, weil der Kommunikationsprozess, der die Erfahrung anreichert (**Erfahrungsbildung**) die Symbolik der eigenen Erfahrungswelt, der fremden objektiven und der eigenen (Umgangs-)Sprache zusammenführt. Ausdrucksstärke ist unabhängig davon, ob es profane Dinge des (Berufs-)Alltags sind oder komplizierte Zusammenhänge, die zunächst kein Mensch zu verstehen vermag.

Wie befangen man in der aufgebauten Welt des Szenarien-Planes verharrt, hängt auch von den **Themen** ab, die über dem Spielfeld kreisen: ein zentrales Einstiegsthema am Anfang, dann folgt die Beschäftigung mit zusammenhängenden Unterthemen. Auf die nahe liegenden Themen des Geschehens wird man schon durch die dinglichen Repräsentanten aufmerksam. Für die „glücklichen Nichtsehenden“ benötigt man sicherlich noch mehr Stoff, damit auch sie sich öffnen. Die Themen finden sich im Plan wieder und drängen sich durch das Geschehen buchstäblich auf – fast wie im wirklichen Leben.

Die dinglichen Hilfsmittel im Plan (Repräsentanten) bzw. das Geschehen in den Abläufen durch deren Manipulieren haben eine große Ausstrahlung und Anziehungskraft, mit ihnen etwas zu tun; oder sie wirken abstoßend unf führen zur Verdrängung. Das fördert den Lernprozess. Wenn sie von mehreren Teilnehmern aufgegriffen werden, ist die Gruppenkommunikation und Interaktion in Gang gekommen und damit die Erfahrungsbildung.

Selbstverständlich wird der Lernvorgang auch geprägt von den inneren Konflikten, Verdrängungen, Blockaden usw. der Teilnehmer. Die Korrespondenz zwischen aufgezeigter materieller Wirklichkeit, subjektiver Erfahrungswelt einschließlich des psychischen Befindens oder fremdsprachliche Barrieren sowie der Vorstellung einer Veränderung sind das eigentlich Schöpferische oder Produzierende dieser Methode in einem überschaubaren, aber dennoch komplex-ganzheitlichen Rahmen durch die naturalistische Abbildung der Wirklichkeiten. Man kann es als **Lernerlebnis** bezeichnen.

Diese Art Produktion muss nicht in abstrakter Perfektion oder per Ideologie oder nach einer Verordnung erfolgen. Mögliche Zielvereinbarungen oder sonstige Abmachungen werden am Ende des subjektiv aktualisierten Szenario-Planes gemacht, mit all den Möglichkeiten und Veränderungspotenzialen, auf die die Teilnehmer gekommen sind. Mit Hilfe zuvor erarbeiteter Themen, die zu diesem „Planspiel“ geführt haben, mit Unterstützung der Pädagogen, Trainer, Coaches, Manager oder Spielleiter gibt diese Methode ein Handlungsschema vor, eine Erwartung an die Beteiligten. Aber einer humanistischen Methode kann es nicht um den „Stein der Weisen“ gehen oder darum, eine allgemeine, absolute Wahrheit zu erzeugen. Und das von den Teilnehmern mit gewachsener intrinsischer Motivation erzeugte Endergebnis lässt sich nicht bewerten; es kann eine Lösung sein, dass Stolpersteine beseitigt wurden, es kann aber auch nur eine nächste Stufe zu einem Ergebnis sein. Sinn und Zweck dieser Bildungsarbeit sollte aber sein, in einer kompliziert gewordenen

Welt (Pluralität, Internationalität, Verrechtlichung, Zentralismus, Finanzimperativ, heterogene Kulturcodes etc.) nicht nur technokratisches Spezialistenwissen mit kurzer Halbwertszeit zu vermitteln, sondern auch für bildungsfernere Gruppen Überblicke und Einblicke zu geben, Handlungszusammenhänge aufzuzeigen sowie eigene Kompetenz auszubilden. Einer scheinbar unnahbaren Komplexität ist eine subjektive Ordnung abzuringen, die Kooperationen, Einordnungen, Zuordnungen, vernünftige Bewertungen, Koexistenzen usw. möglich macht und ganz praktisch dem Gemeinwohl Nutzen bringt, indem Lösungen angeboten werden.

# Kapitel 2
# Plastisches Lernen

In der konstruktivistischen Betrachtung eines Szenario-Planes mit seinen Teilnehmern, den dinglichen Repräsentanten, der angrenzenden und beeinflussenden Außenwelt gibt es **Wirklichkeiten verschiedener Ordnung**: die materiellen Welten und deren Bedeutungen. Dies hat für den Lernenden etwas Mehrdimensionales an sich, d.h. etwas Räumliches. Es sollen hier Ausschnitte von totalen Welten einschließlich des eigenen Bewusstseins oder der Selbstreflexion und des **eigenen Körpers**, wie er sich physikalisch in das Ganze einbringt, quasi praktiziert werden.

Über die verschiedenen Wirklichkeiten benötigt man **Wissen** oder eignet es sich hier **„spielerisch“** an. Aus dem Spannungsverhältnis des Gesamtkomplexes resultiert eine Kommunikation, die, alles einbezogen, zu einem plastischen Lernen wird: **Einbezogen und zum Ausdruck kommen Raum, Zeit, Kognition, Emotion, Sprache, Handeln und der Einsatz des Körpers.**

Auf die Interdependenz der abgebildeten Teile des Systemganzen wird in Form der gestellten Thematik eingegangen, d.h. es bleibt dem **„Sachverstand“** und der Vorbereitung derer überlassen, die diese Übung initiiert haben.

Der Vorteil der mit Hilfe dieses **„Baukastens“** Szenario-Plan erschlossenen Erfahrung ist die Darstellung einer Realität und deren Beobachtung und Reflexion am „grünen Tisch“, anschaulich, konkret, der tatsächlich erlebbaren Alltagswelt sehr nah ohne zwischengeschaltete Codes.

Über den Transportweg der eigenen Betroffenheit und Neugierde fällt der Blick auf weitere Möglichkeiten außerhalb des routiniert Erlebten und der üblichen Sachzwänge.

Selbstreflexive Beobachtung und sich einzulassen auf eine offene Situation, die nach Veränderung sucht, ist für viele schwierig. Leichter ist es, alles so zu lassen, wie es ist, und die Stolpersteine gar nicht wahrzunehmen. Dafür gibt es viele individuelle Beispiele, aber auch kollektive, die ganze Branchen der Wirtschaft betreffen können, denkt man zum Beispiel an die zahlreichen strukturellen Mängel im Dienstleistungsgewerbe, in welchem Milliardenumsätze nicht zustande kommen, weil Potenziale ignoriert werden.

Zunächst muss man akzeptieren, dass es sehr schwierig sein kann, die Beobachtungsperspektive im Sinne der Ganzheitlichkeit plastischen Lernens zu erweitern oder gar einen vollkommenen Paradigmenwechsel einzuleiten, aber ohne dies wird es nicht gehen. Das hieße, ein Lernprozess erfolgt nicht und es gibt keine neuen Ergebnisse.

Zu Beginn einer Übung konstruieren oder vervollständigen die Teilnehmer den Szenario-Plan. Als Betroffene kennen sie auf ihre Weise die Wirklichkeit und wissen sehr wohl, wie sie die dinglichen Repräsentanten zu platzieren haben. In der Kommunikation stellen sich dann die Lücken heraus, Unvollständigkeiten, andere Einschätzungen, Unterschiede, schließlich Veränderungspotenziale und später auch tatsächlich nutzbringende Veränderungen.

Im plastischen Lernen kommt es nicht darauf an, eine geschliffene oder vervollkommnete Realität darzustellen, Lernen ist hier eher „ungereinigt"; auch in der sprachlichen Verständigung der Teilnehmer kann die Umgangssprache gelten, sie ist sogar nötig, weil Wert darauf gelegt wird, dass sich Persönliches mit Objektivem trifft. So sind auch die versubjektivierten dinglichen Repräsentanten so „schmutzig" oder so „sauber" wie in der mitgebrachten Alltagserfahrung.

Bedeutungsunterschiede, Bedeutungslücken oder Überschüsse in der Kommunikation beim Abarbeiten des Planes führen zu einer großartigen Dynamik und zu den eigentlich gewünschten Veränderungen. Hier kristallisieren sich Konstruktivistisches und Soziales heraus, auch bei interkulturellen Trainings und der Kommunikation aus einer gemeinsamen Betroffenheit heraus. Die Erweiterung des plastischen Lernens kommt nicht nur der Entfaltung der Persönlichkeit entgegen (man kann alles einsetzen, was Psyche, Geist und Körper an die persönlichen Grenzen hebt und anbietet, hier eingesetzt zu werden), sondern ist selbstverständlich auch ein erweitertes Einbringen dieser Person in eine Gruppe und eine Vertiefung in das Geschehen durch das Gefühl, gefragt zu sein und auch einzugreifen. Wer äußere Stolpersteine wegräumen will, kann dies am besten, wenn die vielen kleinen eigenen Stolpersteinchen auch weg sind – was heißt „weg", es reicht schon „ein bisschen weg". Die vielgestaltige Fläche dieser Methode bietet jedem Ansatzpunkte, etwas (wieder) zu erkennen und zu thematisieren.

Anknüpfen dürfen an die eigene Erfahrung, das macht das Lernen nicht nur bequemer als ein kognitiv ausgerichteter Frontalunterricht, vielleicht ist es sogar der einzige Schlüssel zum Lernen nach einem freiwilligen Verhaltensprogramm, wie in der Szenario-Plan-Methode möglich.

# Kapitel 3
# Interaktionen

Die Teilnehmer **beobachten** den sich immer weiter fortsetzenden Spielablauf und **reagieren** entsprechend, bringen sich sehr wahrscheinlich auch ein, denn es handelt sich um ihr Thema, ihre Erfahrungen, die hier angesprochen werden. Dabei werden sie von den anderen ebenso beobachtet. Je nachdem, wie intensiv sie sich einbringen, wird ihre Einstellung durch die **Veränderung** der Position der dinglichen Repräsentanten verändert. Alles zusammen führt wiederum zu Veränderungen, sei es in Form von Diskussionen, Einschätzungen, Bewertungen oder sonstiger Faktoren, den Ablauf betreffend. **Intuitiv** spürt man dabei, dass das Ergebnis eines Szenarien-Planes auch Konsequenzen für einen selbst als Seminarleiter hat.

Beeindruckend und wirksam bei dieser Art von Entwicklungsprozess ist, dass jedes Tun unmittelbar etwas zur Folge hat, ein sichtbares Zwischenergebnis produziert. Das Tun (eine Form von Praxis) ist gleich stark zu bewerten wie die Erkenntnis, die dem vorausgeht (Theorie, „Schulungserfolg"). Die Wirklichkeit in den Köpfen und auf dem „Spielbrett" bilden eine Amalgamie aus Erkennen und Tun und dies in der Öffentlichkeit einer Gruppe – „vor anderen Leuten". Es ist „Alltag".

Sicherlich ist dieser Prozess kein Automatismus, kein Selbstläufer – aber fast. Nämlich dann, wenn die Teilnehmer die Manipulierbarkeit der Repräsentanten wahrgenommen und angenommen haben und damit umgehen. Auch auf die Impulse der Leitung kommt es an. So wie sich die Wirklichkeit hier aufbaut, so bauen sich auch Einsicht und Handlungskompetenz der Teilnehmer auf. Ein Sichausklinken gibt es hier so gut wie nicht. Die Repräsentanten verführen zu einer begründeten subjektiven Wahrheit; die Beteiligten müssen mindestens koexistieren, besser aber einhellig kooperieren. Die Interaktionen über das **Medium** Szenario-Plan werden als stark formend eingestuft. Es kann sein, dass eine Beteiligung daran zunächst Überwindung kostet, bis sie einen einfängt und nicht mehr loslässt. Wer sich an irgendeiner Stelle des Prozesses einmal eingebracht hat, wird diese Spur später nicht vergessen, vielleicht ist sie sogar noch sichtbar in einer dokumentierten Form auf dem Brett.

Da die Beteiligten im System des Szenarien-Planes selbst agieren, den Grad und den Zustand ihrer Erfahrungswelt spiegeln, beteiligen sie sich selbst an der emotionalen und kognitiven Organisation ihrer Erfahrungswelt. Damit beteiligen sie sich auch an der Gestaltung der Wirklichkeit draußen im Alltagssystem der (Berufs-)Wirklichkeit – ein ganzheitlicher Lernprozess, bestehend aus Gestalten und Lernen. Aus einer individuellen, subjektiven (spielerischen) Erfahrung wird eine Gesetzmäßigkeit eines ernsten Organisationsmusters konstruiert.

Das zunächst improvisierte Medium ist den Teilnehmern so nah, dass sie in ihren Interaktionen tendenziell sich selbst vergessen und die eigene Körpersprache zulassen. So wie man in einem guten Rhetorik-Kurs lernt, mit Hilfe der Körpersprache dem Gesagten noch mehr Ausdruck zu verschaffen, geht es hier darum, in der Kommunikation den **körperlichen Ausdruck** zuzulassen, denn kein Mensch redet in disziplinierter, aufrechter Haltung, sondern eher mit „Händen und Füßen". Auch wenn man sich hier in einer künstlichen Welt bewegt, kann man den Straßenverkehr hören, die Schmiermittel in einer Metallfabrik riechen, den Dreck einer Baustelle merken usw. Es handelt sich nicht um ein weiß gewaschenes, hygienisches Medium, sondern um ein naturalistisches. Ein Szenario-Plan ist ein zunächst ziemlich unorganisiertes Begegnungsfeld mit einer entsprechenden Atmosphäre, vielleicht sogar mit einem entsprechenden Geist oder einer Seele, in die man Leben projizieren kann, allerdings nicht mit einem Knopfdruck, sondern mit der eigenen Person in voller Größe – auch körperlich. Die Dreidimensionalität des Spiels hat seine Entsprechung in der Körperlichkeit der Teilnehmer: Man hat die Hände in der Hosentasche, geht es um Kopf und Kragen, hält man sich die Augen zu oder möchte laut „Stopp" schreien, man zeigt ein entspanntes Lächeln oder muss sich anstrengen, etwas umzubauen, an das andere Ende des Brettes zu gehen usw. Die Teilnehmer erkennen diese Kultur der spezifischen Körpersprache; das wiedererkannte Ausdrucksvermögen begünstigt es, sich selbst in dieser Weise darzustellen. Für bestimmte **Zielgruppen,** wie zum Beispiel interkulturelle oder bildungsferne Lerngruppen, ist dieses Sichausdrücken zu gestatten sehr wichtig.

Es geht hier nicht um das Lernen manueller Fertigkeiten oder sportlicher Übungen, trotzdem sind Kognition, Emotion und Körperlichkeit einbezogen. Das plastische Lernen in Raum und Zeit des Szenarien-Plans hat somit seine personale Entsprechung bei den Mitagierenden selbst. Ob etwas funktionierte, schwierig war oder schon zigmal ausprobiert wurde und immer wieder fehlschlug – alle diese Erfahrungen werden von jedem auf seine Weise auch körpersprachlich ausgedrückt.

Es wäre in diesem Zusammenhang zu anspruchsvoll zu postulieren, dass in diesem Lernprozess alles zusammen eine geschlossene Einheit bilden soll (Psyche, Körper, die Wirklichkeit des Szenario-Plans, die Wirklichkeit draußen), aber es ist sehr förderlich, diese Einheit sehen zu wollen und in einem Annäherungsprozess auch wirklich zu sehen und nicht einzelne Faktoren außer Acht zu lassen.

Wenn man vor diesem subjektivistischen Hintergrund Individualität und Persönlichkeit erlaubt, gibt es für das Ausbreiten einer möglicherweise auch extrem gearteten Authentizität kein Zurückhalten. Das direkte Vorbringen von eigenen Konstruktionsmerkmalen kann sehr beeindruckend, aber nicht weniger „wahr“ sein. Es gibt keine avisierten Sanktionen, also kann man sich einbringen. Das führt eventuell auch zu einer Ausweitung in Fragestellungen außerhalb des Systems „Tisch“, etwa zu ethischen Fragen, allgemeinen politischen Themen, Arbeitnehmerinteressen usw. usf. Was Teilnehmer vor Eintritt in einen solchen Plan oft noch nicht erlebt haben, ist, dass sie nun selbst die Akteure sind, sie werden sogar als aktive Beteiligte gebraucht, sie selbst sind wichtig für den Erkenntnisprozess. Sie sind Teil einer wertschätzenden Organisation.

Es kann zu einem Balanceakt kommen zwischen der gewünschten gründlichen Ausdruckskraft der Teilnehmer, einem starken Kommunikationsbedürfnis bis hin zu angezeigten therapeutischen Bedürfnissen, einem Ausschweifen in themenferne Bereiche und dem nutzbringenden Ziel der Bewältigung von Problemen bzw. deren Verringerung oder dem Wegräumen von Stolpersteinen. Der Anker des Szenarien-Planes ist die Wirklichkeit einer Sachorientierung oder auch der Blickwinkel des Erwachsenen-Ich. Unter diesem Gesichtspunkt sollten die Seminargeschehnisse gestaltet werden.

Jede Methode hat ihren Idealschüler. Hier soll nicht auf eine ideelle, autonome Individualität, eine in jeder Hinsicht unabhängige Person rekurriert werden. Das wäre die idealtypische Hörsaal-Person. Denn es gibt die eigenen Stolpersteine, die Außengelenktheit, die Erfahrungen mit diskriminierenden Organisationen, die interkulturellen Missverständnisse, die neue Virtualität der Medien usw. Auch ist man geprägt von einem antisozialen Umfeld, welches Kommunikation und Authentizität eher gering schätzt.

Der Seminar-Weg zur angenäherten Denk- und Sichtweise, Erfahrungen sprachlich zuzulassen, in welcher elaborierten Form auch immer, kann eine längere „Wanderung“ sein. Der Weg und das Ziel sind das Ziel. Die äußere und die innere Realität zu begreifen, ist ein hoher Anspruch, innere und äußere Stolpersteine zu begreifen ebenfalls. Erst wenn etwas transparent ist, wird es manipulierbar. Eingefahrenes ist viele Jahre öffentlich positiv sanktioniert und integraler Bestandteil der eigenen Lebenswelt. Eingefahrene Konstruktionen zu widerlegen und zu ändern bedeutet viel. Jeder trägt dann seine biografische Wirklichkeit nicht mehr als „Baukasten“ mit sich herum, sondern als „Programmierung“.

Es ist wie eine Erhellung, erleben zu können, wie eine Umdeutung und Rekonstruktion funktionieren kann. Es gibt hier ein Hilfsmittel und Personen, die das auch tun wollen, mit der informellen Vereinbarung, sich gegenseitig nicht zu verletzen und eine Änderung anzustreben.

Dabei wird offensichtlich, dass die Beteiligten sich besinnen werden und trotz des Zwanges oder auch der Stütze der materiellen Repräsentanten im Szenario-Plan deren Macht begreifen und realistische Veränderungen betreiben.

Die Positionierungen im Plan, ihre subjektiven Inszenierungen, die Tatsache, dass sie überhaupt sichtbar vorhanden und von jedem Teilnehmer handlich manipulierbar sind, das macht die Leichtigkeit dieses Lernens und die Wirkung dieses Hilfsmittels aus. Das Verändern der Dinge, eine Um-Etikettierung, das setzt auch einen subjektiven Veränderungsprozess in Gang. Es ist ein Veränderungsprozess sowohl auf der Basis wissenschaftlicher Erkenntnisse, strikter Vorgaben eines Managements, übergeordneter Sachargumente, aber auch auf der Basis aller subjektiven Einflüsse der Betroffenen, was insgesamt zu einer vernünftigen Lösung mit rationalen Begründungen führt. Psychische und materielle Stolpersteine, beide verkörpert im wahrsten Sinne des Wortes, erfahren neue Relativierungen und damit eine Beweglichkeit.

# Kapitel 4
# Wie die Szenario-Plan-Methode entstanden ist

Während meiner beruflichen Tätigkeiten als Berater und Trainer hatte ich es immer wieder mit arbeitslosen Mitbürgern zu tun, die eine individuelle **Laufbahnberatung** bekamen. Ein Teil davon waren auch sogenannte Ungelernte, die verschiedene Helfertätigkeiten ausführten. Ein wichtiger **Bestandteil** bei der Verarbeitung ihrer **Arbeitslosigkeit** ist die Kündigung selbst, d.h. der persönlich auch verletzende Vorgang, wie sie überbracht wird und welche Personen es trifft. Z. B. wollte einmal ein zu Beratender alles ganz genau schildern und nahm aus eigenem Antrieb verschiedene Utensilien von meinem Beratertisch, die er so legte, veränderte und verbal etikettierte, dass seine Schilderungen sehr genau wurden und er das Ganze nacherleben konnte. Gleichzeitig kam er in einen Redefluss wie jemand, der zum ersten Mal in seinem Leben mit einem Fremden über Persönliches sprach, der es ihm leicht machte, über viele andere Angelegenheiten zu reden, die für die Vergangenheit und die zu besprechende Laufbahnberatung von Bedeutung waren.

Die darauf folgenden Beratungssitzungen wurden dann im gleichen **Setting** so gestaltet, dass gewisse Utensilien einfach da lagen und verwendet werden konnten. Der Arbeitsalltag in dieser Firma, die Arbeitsabläufe mit der Position, die man ausfüllte, die sich zuspitzende Kündigungssituation – all das wurde immer wieder gerne thematisiert, in Szene gesetzt und narrativ begleitet. Nach mehreren so verbrachten Stunden, verteilt über einige Wochen, saß mir dann eine Person gegenüber, die zumindest mit ihrem Kündigungsgroll umgehen konnte, sich langsam öffnete und sich der Zukunft stellte.

Durch die Vehemenz, mit der hier Beiläufiges, zum Teil **Ungegenständliches** eine Funktion erhielt, kam ich auf den Gedanken, diese Instrumente auch für andere bereitzuhalten oder anzubieten. Bei der späteren Ausformung dieses Ansatzes und deren Praktizierung war immer entscheidend, dass die Teilnehmer eines Trainings Utensilien in die Hand nahmen, deren Position veränderten und gleichzeitig die zu erörternden Vorgänge selbst moderierten. Das war dann das Signal, dass diese Handhabung Methode hatte. Das jeweilige Beratungsgespräch bzw. das Trainingsseminar war dann zum Laufen gekommen.

Ein späterer Auftrag zum Personaltraining und zur Organisationsentwicklung sollte sich mit eklatanten verborgenen Qualitätsmängeln in einer manufakturartigen Lebensmittelproduktion befassen. Beim Erstgespräch des Auftraggebers und bei der Erarbeitung eines Angebotes war zunächst nicht klar, wie an die Mitarbeiter mit dem von ihnen selbst verursachten und vertuschten Mangel heranzukommen war. So entwickelte ich dann verschiedene Szenario-Pläne als Diskussionsangebot, in die sie selbst einsteigen konnten. Und es funktionierte wieder, dass sie die von mir mitgebrachten Utensilien verwendeten, selbst die **Schwachstellen** im Mensch-Maschinen-Organisationssystem („Stolpersteine") aufdeckten, Veränderungen sowohl technischer Art als auch im eigenen Verhalten und der Zusammenarbeit aufzeigten und dokumentierten. Für die Unternehmensleitung ergaben sich daraus ebenfalls wichtige Verbesserungsvorschläge

# Kapitel 5
# Die vier Bausteine eines Szenario-Planes

## 1. Die Sozialgeografie

Alle Geschehnisse, alle mehr oder weniger konkret gegenständlichen Materialien und individuellen Verhaltensweisen sind wirklichkeitsnah **verortet**. Diese Lokalisierung hat ein entsprechendes Umfeld und ist mit individuellem Verhalten verbunden. Alles, was den (Arbeits)-Prozess betrifft, ist auch hier angesiedelt.

Gegebenenfalls kann man hierbei auf den „Geist“, die „Kultur“ oder die „Mentalität“ einer Örtlichkeit bzw. eines Raumes eingehen. Auch „Seele“ wird manchmal einem Ort zugedacht. Ja sogar die mathematische Berechnung von Orten hat in die Wissenschaft Einzug gehalten, wie z.B. die Erforschung von Abkürzungen in öffentlichen Räumen zeigt.

Im Vordergrund stehen hier die oben beschriebenen Wirklichkeiten mit ihren subjektiven und objektiven Bedeutungen.

Eine gedankliche Vorstellung davon, was Sozialgeografie sein kann, erhält man auch, wenn man sich eine eingegrenzte Örtlichkeit als eine Art **Medium** vorstellt. Zum Beispiel: Was passiert alles an einer Bushaltestelle oder auf einer Rolltreppe oder im Eingangsbereich eines Hotels? Jeder Ort für sich erzeugt allgemein anerkannte oder übliche Verhaltensmuster, die dieser ermöglicht oder sogar erzeugt. An einer Bushaltestelle kann man Abfall wegwerfen, das ermöglicht die Anonymität. Auf einer Rolltreppe schaut man unpersönlich, scheinbar unbeteiligt an den Leuten der gegenüberliegenden Rolltreppe vorbei, obwohl sie sehr nahe sind. Nähe und soziale Distanz sind wenig definiert, das macht verlegen. Ein anderes interessantes „Medium“ dieser Art ist ein Aufzug. Auch ein Hoteleingang, die Lounge, ist ein guter Ort, diese Qualität eines Mediums zu beobachten; an verschiedenen Stellen kann hier bekanntlich sehr viel passieren. Seine Rolle zu finden, ist manchmal ein Experiment wie bei einem lebendigen Theater. Nicht ohne Grund wird in Filmen zuweilen ein Hoteleingang als Schauplatz benutzt.

Hier ist wichtig, dass Sozialgeografie als etwas entdeckt wird, das eine von Menschen gemachte **Entstehungsgeschichte** besitzt. Und in der aktuellen

Beschaffenheit finden und signalisieren die Beteiligten das Erlebte und Formbare.

Hier heißen die verschiednen Orte auch „Stationen“, obwohl sie nicht immer zeitlich hintereinender angeordnet sind.

## 2. Die Zeitschiene

Die oben in ihren Möglichkeiten geschilderten Abläufe haben natürlich eine Zeitschiene: Zu einem bestimmten **Zeitpunkt** passiert etwas, es geschieht in bestimmten messbaren **Zeitabschnitten**, oder ein Vorgang darf nur eine bestimmte **Zeitdauer** haben. Je nach der Thematik, die aufgearbeitet wird, spielen auch die **Reihenfolge** oder die zeitliche Vernetzung eine Rolle.

## 3. Sachlich-funktionale Erfordernisse

Wirklichkeitsnahe Utensilien und die „geografischen“ Szenarien-Pläne dokumentieren, was an den einzelnen Stationen der Abläufe gemacht wird, was man braucht, benutzt, sehen kann usw. Wie erörtert, finden hier Bewertungen statt; was dabei wichtig ist: Diese können sich verändern – oder sollen es sogar. Es können kleinste Kleinigkeiten sein, die einen Ablaufprozess erschweren oder beschleunigen. Dabei hilft der Szenario-Plan, das herauszufinden, zu thematisieren und später zu qualifizieren.

Bei diesem Baustein der Methode ist möglicherweise auch darauf zu achten, dass der Szenarien-Plan eine Außengrenze hat, von der aus Einflussfaktoren eindringen, die die Beteiligten gar nicht ändern können. Außeneinflüsse, wie zum Beispiel Gesetze oder ökonomische Sachzwänge, Kundenwünsche, technische Möglichkeiten oder auch ethische Grundpfeiler, sind als Erfordernisse, denen man gerecht werden müsste, zu berücksichtigen. Hier hilft im Sinne eines **Methodenmix** der Einsatz weiterer Mittel für eine Unterweisung oder Darstellung der Thematik, was zum Erreichen des Lernziels der hier im Mittelpunkt stehenden Methode beiträgt.

## 4. Persönliches Verhalten

Alle drei dargestellten Bausteine münden, sozusagen als „Input", als Beratungs- oder Trainingseffekt in das persönliche Verhalten der Teilnehmer, welches den ganzen Aufwand erst validiert. Sie positionieren sich **unausweichlich** im Szenario-Plan, kommentieren einander und verändern sich möglicherweise, falls nötig. Auch bei einer schwierigeren Verbalisierung ist mit der Verortung und der plastischen Kommunikation viel gesagt.

Manchmal ist es nicht leicht zu erreichen, dass bestimmte Zielgruppen das so mitmachen, sich öffnen und gerne Teil des Geschehens sind; denn die Teilnehmer merken rasch, dass hier etwas aufgedeckt wird und eine Veränderung eingeleitet werden soll. Deswegen machen sie sich vielleicht anfänglich abwehrend lustig über dieses „kindliche Spiel". Die Gegenstände in die Hand zu nehmen und mit ihnen zu arbeiten, das erzeugt die entscheidenden Effekte. Darauf kommt es in der Beratung oder im Training bzw. in der Organisationsentwicklung an.

GRAFIK 1

Schematische Darstellung der SPM

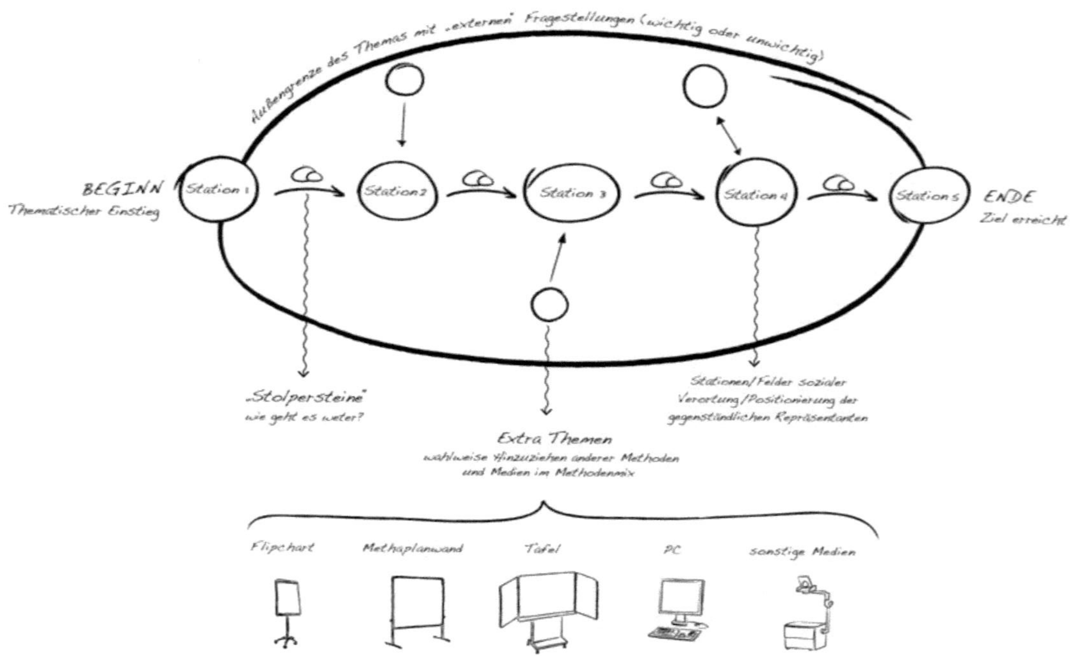

# Kapitel 6
# Welche Ziele und Inhalte können umgesetzt werden?

Mit der Szenario-Plan-Methode sind grundsätzlich alle Wirklichkeitsausschnitte abbildbar, inszenierbar und entsprechende thematische Implementierungen machbar, ebenso die damit verbundenen Lernziele oder Gesprächsinhalte.

Das kann eine Maschinenhalle sein, der Bereich der Außengastronomie, ein Schulhof, die Kundengeografie eines Einkaufszentrums usw. Immer geht es um die **vier Bausteine**, die Kommunikation und Lernen ermöglichen. In einem späteren Kapitel werden Anwendungsbeispiele aus verschiedenen Bereichen, wie Produktion, Dienstleistung, Sozialarbeit und empirische Forschung, dargestellt.

Da das plastische Vorstellungsvermögen und das mit den vier Bausteinen in Verbindung gebrachte plastische Verhalten dem Alltagsbewusstsein sehr entgegenkommt, werden die beteiligten Personen wie en passant, „spielerisch" in eine später sehr konkret werdende und betroffen machende Erlebniswirklichkeit beinahe verführt. Denn das, was einem hier näher gebracht wird, empfindet man eher als „gelegentlich". Was sich zunächst harmlos präsentiert, wird später zu unentrinnbaren Einschätzungen und Entscheidungen führen.

Wie oben dargestellt kommt auch das „Körperliche" vielen entgegen, also das Räumlich-Materielle im Szenario-Plan und die eigene körperliche Befindlichkeit mit dem Bestreben sich auszudrücken. Erinnert sei an das Beispiel, wie jemand einen unbekannten Weg erklärt, sich in die entsprechende Himmelsrichtung umdreht und mit Armen, Kopf und Händen als „Werkzeuge" die Wegbeschreibung vornimmt, indem der reale Weg fast **synchronisiert** wird.

Auch wenn bisher die wichtigsten Erfahrungen mit eher **bildungsfernen** Zielgruppen vorliegen und die Methode hier ihren Ursprung hat, ist der Einsatz selbst mit hochqualifizierten Entscheidern möglich. Emotionalität und „Körperlichkeit" können hier eine Bedarfslücke schließen.

Eine Übertragung dieser plastischen Lernwelten in eine Software mit entsprechenden Manipulationsmöglichkeiten am Computer wie etwa in systemischen Planspielen oder Computer-Spielen sollte nicht in Betracht gezogen werden, da gerade der sächliche Umgang mit der Wirklichkeit, die Öffentlichkeit der Gruppe und die Emotionalität (auch die Ansatzpunkte eines **Methodenmix** sind nicht zu unterschätzen) wertvoll sind. Die Offenheit im Ausgang des **Gestaltens** ohne vorausgegangene Programmierung ist nicht nur spannend, sie ist gerade das Rezept für den Erfolg, vorausgesetzt, die nötige **Zeit** wird zugelassen. Nur die Offenheit führt zum Aufdecken und Arrangieren von etwas Neuem, weniger das vorgefertigte, programmierte Ziel.

Ein wertvoller Nebeneffekt dabei ist, dass am Spielende eine fertige Dokumentation vorliegt mit anschaulichen Ergebnissen, die auch neue Zielvereinbarungen ermöglichen.

Es können sogenannte „weiche" und „harte" Themen bearbeitet werden. Der Schwerpunkt wird klar formuliert, weil die Szenarien äußerlich eine Gleichbetonung von Verhalten und objektiven Bedingungen darstellen. Aufgrund der vier Bausteine wird immer deutlich, wie die Thematik umrandet ist.

Das heißt, es können gruppendynamische Aspekte bearbeitet werden, die ebenfalls eine Verortung in einem Geschehen haben, oder Verhaltensweisen einzelner Personen, Kundengruppen usw. Und es kann der Blick auf die „Hardware" fallen, auf Technik, auf Bauliches etc.

Dabei ist immer zu bedenken, wann man zum **„Utensilienkoffer"** greift und einen Tisch mit unbeschriebenem Papier für eine Übung vorbereitet. Auch für kurze, weniger problematische Bearbeitungen, nur um etwas zu verdeutlichen und den Common Sense zu überprüfen, kann man kurz und ohne viel Umstände diese Methode heranziehen. Das lohnt sich immer dann, wenn man professionell Klarheit schaffen und Ablaufzusammenhänge transparent für die Beteiligten darstellen möchte. Ein anderes Anwendungsbeispiel ist die Gewöhnung von Zielgruppen an diese Art von Lernen und die Verdeutlichung den Teilnehmern gegenüber, dass man an sie gewisse Erwartungen hegt und ihnen etwas zutraut. Man möchte Lernbereitschaft aufbauen.

So geht es eigentlich in den meisten Einsatzfeldern immer um Personal- **und** Organisationsentwicklung. Einen einzigen Aspekt herauszulösen und sich nur darauf zu konzentrieren, ergäbe einen anderen Seminartyp, ein anderes Training.

Wie oben ausgeführt, lässt sich diese Methode sehr gut mit anderen kombinieren. Eine Unterbrechung des Szenarienaufbaus kann – auch spontan – zu anderen Ergänzungen führen, die an einer bestimmten Stelle nötig sind. Das kann eine herkömmlich frontal ablaufende Unterweisung sein, das kann die tatsächliche Begehung eines realen Geländes sein, ein Brainstorming, die Metaplanmethode, ein Protokoll auf dem Flipchart oder auch eine Intervention bzgl. des Verhaltens von Teilnehmern untereinander.

Hier eine Auswahl an **Entwicklungs-Themen**:

- Schwachstellen-Analyse im Mensch-Maschinen-Organisations-System
- Feststellen von personellen und organisatorischen Potenzialen
- Mitarbeiter-Auswahl-Verfahren
- Verbesserung der interkulturellen Kommunikation/Lesen- und Schreibenlernen/Erlernen einer Fremdsprache
- Erhöhung der Flexibilität in der Produktionsumstellung
- Verbesserung von Kooperation und Kommunikation
- Steigerung des Qualitäts- oder Kostenbewusstseins
- Verbesserung der Kundenbeziehung
- Biographie-Analyse, Lebensplanung

# Kapitel 7
# Das Seminar-Design

Die Grundsätze, die bei jedem Seminar gelten, das nicht auf reine Wissensvermittlung aus ist, sondern auf Trainingsziele, sind auch bei der Szenario-Plan-Methode zu berücksichtigen. Daneben sind zwei Erweiterungen zu beachten:

Da das Erlebnisfeld eines Szenario-Planes fast ebenso unendlich viele Ansatzpunkte für die psychologisch verschiedensten Wahrnehmungen bietet wie die Wirklichkeit selbst, sollten auf der Basis der vier Bausteine der Konstruktion Eingrenzungen und Gewichtungen mit einem gewissen Gespür oder auch aufgrund von Vermutungen, von Wahrscheinlichkeiten für das **Wesentliche** vorgenommen werden – soweit es die Thematik zulässt. Diese dürfen nicht zu weit gehen, da ja hier die Besonderheit darin besteht, Dinge, die unwesentlich erscheinen oder sogar unbekannt sind, aufzudecken und im Sinne der Lernziele zu thematisieren. Dies setzt eine erfahrene **Trainerpersönlichkeit** voraus.

Der zweite Punkt, worin sich dieses Seminar-Design von anderen unterscheidet, ist die mitgebrachte Ausstattung selbst, die die Teilnehmer neugierig macht oder auch Vorbehalte weckt. Und dann gehört dazu der Tisch selbst in der Mitte eines Raumes mit dem sich verändernden Szenario-Plan. Die Grundausstattung wird von der Seminarleitung bereitgestellt, dann sind die Spieler bzw. Mitgestalter an der Reihe. Jedes Gruppenmitglied hat Zugang zum Tisch und zu den Utensilien und kann seine Manipulationen verbal äußern. Positionen werden verändert, ergänzt, wieder weggenommen usw.

Der **Einstieg** erfolgt nach der thematischen Einführung an einer beliebigen „brisanten" Stelle. Ergänzungen oder Vervollständigungen werden dann sukzessive vollzogen. Dass Ereignisse in Entwicklungsprozessen oder Stufen verlaufen, ist im Alltag manchmal genauso unbewusst wie hier. Das bedeutet Arbeit am Szenario-Plan. Der **Seminarfortschritt** ergibt sich durch das Herausarbeiten der verschiedenen Faktoren entlang der vier Bausteine örtliche, zeitliche, sachliche und personelle Dimension. Der Veränderungsbedarf, der Trainingsbedarf oder auch die Notwendigkeit, einen weiteren thematischen Input von der Seminarleitung aus zu geben, zeigt sich an den Stellen eines aufgedeckten Zustandes oder Mangels, einer neuen Erkenntnis in Verbindung mit den vereinbarten bzw. angestrebten Lehr- und Lernzielen.

# Kapitel 8
# Begründung des pädagogischen Erfolgs

Wenn man davon ausgeht, dass die meisten Erfahrungen mit dieser Methode mit eher bildungsfernen und damit im Lernen ungeübten Zielgruppen (d.h. in diesem Zusammenhang „formales Lernen“) vorliegen, also Gruppen von denen man annimmt, dass sie sich nicht so geschliffen ausdrücken oder durch Immigrationsvergangenheit und interkulturelle Herausforderungen einen ihrem Milieu eigenen Sprachcode verwenden, erscheint diese Methode für diese Zielgruppe optimal. Erheblichen Umfang im lebenslangen Lernen hat auch das gelegentliche Lernen, welches weit in den Begriff der Erziehung hineinreicht; auch deren Bedeutung hat hier ein starkes Gewicht (Primärqualifikationen, Schlüsselqualifikationen). Man kann sich damit aber auch zahlreichen weiteren Gruppen zuwenden, die man mit dieser **„Philosophie“** gut erreichen kann.

Es geht „nur“ um ein Erkennen, um ein Miteinander, um das Gefühl, angesprochen zu sein und mitwirken zu wollen, vielleicht sogar Verantwortung für sich selbst und ein Ganzes zu übernehmen. Es sind **humanistisch-liberale Prinzipien** (hier gemeint im Sinne von Erasmus von Rotterdam und in Anlehnung an Ralf Dahrendorfs „Erasmus-Mensch“), die sich in der Mentalität der Methode widerspiegeln. Die theoretische Fundierung und Begründung dieses Anspruchs aus der **konstruktivistischen Psychologie** und **Soziologie** macht die praktischen Erfolge noch schlüssiger.

Die Seminarbeispiele aus den kleinen Welten der Szenarien, konkret, räumlich abgebildet, sind angenommen worden. Die Instrumente der mehr oder weniger gegenständlichen Repräsentanten der Wirklichkeit werden benutzt. Aus diesen Hilfsmitteln erwachsen Erkenntnisse, die von den Teilnehmern selbst herausgefunden wurden. Die plastische (künstliche) Realität im Plan, das plastische Vorstellungsvermögen sowie eigenes Agieren schaffen eine synchron unterlegte Ausdrucksfähigkeit und im Ergebnis einen **Gleichklang** von Kognition und Emotion.

Schließlich sind es auch die **Lernrhythmen** in den verschiedenen Stationen der entwickelten Ablaufpläne, die zum Erfolg beitragen. Man lässt sich Zeit und weiß nicht, wie lange man für einen Abschnitt benötigt. Das ist ein wichtiger Anspruch, der nicht so gut in die heutige Zeit passt, in der alles eher beschleunigt wird und Lebenszusammenhänge verdichtet werden, wodurch die Frage aufgeworfen wird, ob nicht das Individuum sozusagen auf der Strecke bleibt. Bei der Szenario-Plan-Methode wird nach dem Grundsatz althergebrachter Pädagogik vorgegangen, etwas „begreifen" zu wollen und zu können. Welches Training kann für sich beanspruchen, vor einem Kompetenz-Training zu wissen, wie lange eine unbekannte Zielgruppe benötigt?

So sachlich es zugeht und obwohl natürlich klare Lernziele da sind, spielt der Erlebnisaspekt eine große Rolle; im Übrigen ist hier auch Platz für Humor.

Die Teilnehmer kommunizieren in bildlich-räumlichen und konkret-gegenständlichen, zum Teil ad hoc herbeigeführten **Simulationssituationen**, wie etwas ist und wie es sein kann. Dabei handelt es sich, so betrachtet, um **„ganze"** Menschen, die in diesem Umfeld schwerlich eine unrealistische, unwahrhaftige, aufgesetzte Welt vorspiegeln könnten, die außerdem auch nicht zu wahrhaftigen Problemlösungen führen würde.

Die sogenannten „unabhängigen" Variablen einer von Sachzwängen bestimmten Welt haben hier ebenfalls genügend Platz. Auch das **Erwachsenen-Ich** wird durch den Einblick in die Zusammenhänge gestärkt (Methodenmix), ist sogar Basis und Zentrum, in das man sich hineinführen lässt und wo man sich auch auslebt, zusammen mit seinen anderen Ich-Formen und den mitgebrachten inneren Bildern.

Obwohl man sich in mit der erlebten oder in der Fantasie vorgestellten Alltagswelt verwandte Gebiete begibt, stellt der Einstieg in einen Szenario-Plan einen kleinen Umweg dar. Es ist aber nicht wirklich ein Umweg. Der direkte, rasche Weg im Lernprozess über die Kognition lässt vieles links und rechts liegen. Die eigene Betroffenheit schafft den Weg zur Mobilisierung von Veränderungspotenzialen, indem die innere Bereitschaft, zu lernen und die „Realitäten" zu sehen, gefördert wird.

Die Begründung einer authentischen Sichtweise, aus der eine hohe Eigenmotivation entspringt, ist auch **sprachpsychologisch** zu belegen. Was jemand meint, sagen möchte oder nicht sieht, nicht sagen möchte, zeigt sich in der Alltagssprache, im Jargon, im **„Soziolekt"**. Wirklichkeitserfahrung, natürlich auch Interaktionserfahrung drückt sich im Sprachlichen aus – effizient, pointiert, in eigenem Tonfall und Sinn. Diese Ausdrucksform ist hier zugelassen, sie muss allerdings auch verstanden werden, was nicht immer leicht ist. Nur über diesen Weg erfolgt jedoch der Zugang zu anderen „höheren" oder formell erwünschten Sprachformen und deren Wirklichkeiten.

In anderen autonomen Lernformen genügt die Sprache als Ausdrucksvermögen und auch Denkvermögen einer Person. Lernen – hier durch die Einführung des **plastischen Lernens** (vgl. Kapitel 2 die Darstellung des Zusammenwirkens von Lernumwelt, Körpersprache, Einsatz der Repräsentanten etc.) in einem sehr unkonventionellen Rahmen gesehen – hilft den Beteiligten dabei, ihr Bedeutungsinventar offenzulegen, es aus ihrer Soziokultur sprachlich zu nutzen und ermöglicht so ein Übersetzen in andere Welten, Milieus, Sachzwänge, Bürokratien etc.

Hervorzuheben ist die außerordentliche Bedeutung von **Lehrern, Sozialpädagogen, Psychologen** oder **Trainern**. Ohne sie ist keine erfolgreiche Arbeit möglich; das ist eine sehr gute Tradition, entspricht sie auch nicht gerade dem Zeitgeist, fast alles, auch im sozialen Bereich, zu computerisieren. Sogar das Schreien von Babys können heute Computer für die Mütter und Väter entschlüsseln, ohne dass es Eltern nach ihrer Intuition tun; eine Software ist geeignet, am natürlichen Geräusch eines Baches zu erkennen, wie sich dieses Geräusch auf das Wohlbefinden der wahrnehmenden Person auswirkt – zwei sehr beeindruckende Beispiele entfremdeter Kommunikation. Das soll an dieser Stelle nicht weiter ausgeführt werden. Videospiele, Reality-Games usw. stellen ein ganz anderes Kapitel in der pädagogischen Forschung dar und sollen hier nicht betrachtet werden.

Bei der Szenario-Plan-Methode haben wir es mit einem **gemeinschaftlichen** Lernen zu tun, mit dem Bestreben, wechselseitige gelingende Beziehungen in einer wertschätzenden Organisiertheit zu erhalten, wie Friedrich Schleiermacher proklamierte. Zusammenhängende Vorgänge, die sich auf Betroffene auswirken und deren Einwirken für wichtig gehalten wird, werden mit dieser Art visueller Rhetorik transparent zu machen versucht.

Auch die immer mehr an Bedeutung gewinnende **Neurobiologie** enthält zahlreiche fundamentale Argumente für diese Methode: Menschen leben von Zuwendung und menschlichen (personalen) Beziehungen, die die Botenstoffe für das Gehirn liefern, die der Mensch biologisch benötigt. Diese erzeugen positive Effekte auf unser Ich-Gefühl. Selbst bei jüngeren Menschen zeigt sich schon, dass sie aggressiver oder depressiv werden, wenn sie keine zwischenmenschlichen Beziehungen ausleben können. Störungen, hier Stolpersteine genannt, nehmen in einer anonymisierten Welt zu und können nur durch eine Versubjektivierung wahrnehmbar und gestaltbar gemacht werden – hier mit diesem methodischen Hilfsmittel, welches allerdings die zu verhandelnden Inhalte nicht ausspart. Das geschieht im Miteinander aller Beteiligten. Ich denke, diese Methode ist ein deutlicher Ausdruck für das ihr innewohnende Prinzip Menschlichkeit.

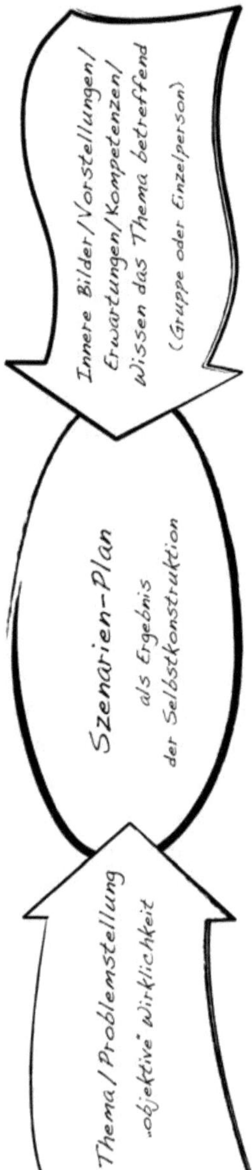


GRAFIK 2

Wirkungsgefüge der SPM

# Kapitel 9
# Der Phasenplan

Wie bei jedem Weiterbildungsseminar bildet den Einstieg eine spezifizierte, ausgewählte Thematik, mit der bestimmte Ziele verfolgt werden.

Da dieses Thema „geografisch“ festgemacht wird, gibt es auch eine **Außengrenze**, die man aus ökonomischen Gründen ziehen muss. Diese wird allerdings immer wieder durchbrochen. Von der Seminarleitung ist daher zu beurteilen, ob diese Grenzüberschreitungen thematisch einbezogen werden sollten.

Weil die vorliegende Methode sozialpsychologisch orientiert ist, ist darauf zu achten, wie man die fachlichen, kognitiven Schulungselemente methodisch einbindet. Dies kann geschehen durch eine Unterbrechung, indem man sich eine herkömmliche Information oder Unterweisung anhört, oder durch andere Methoden (vgl. vorausgegangene Kapitel). Für den Methodenmix ist die Seminarleitung zuständig. Dazu gehört auch, zu bedenken, ob man ausgeprägten **narrativen** Passagen der Teilnehmer Platz lässt. Man weiß, Entwicklungen mit einem gesunden, soliden Aufbau benötigen Zeit.

Der Sezenario-Plan am „grünen Tisch“ weist zu Beginn eine **Vorkonstruktion** auf, aus der auch das Thema sichtbar wird. Die Schwachstellen oder allgemein die Faktoren, auf die es ankommt, können ebenfalls schon vorweg gekennzeichnet sein. Ebenso können Vorstellungen, wie sich der Plan verändern könnte, vorher skizziert sein, wobei zu diesem Zeitpunkt der erarbeitete Entwurf noch nicht allgemein gültig ist. Es treten noch die verschiedenen „Stolpersteine“ auf, die entweder grafisch angedeutet oder durch die dinglichen Repräsentanten dargestellt werden. Beides ist von allen manipulierbar, endet aber schließlich in einer allgemein anerkannten Endfassung, welche auch den beschrittenen Weg zu derselben **dokumentiert**.

Die Utensilien, die in vereinfachter Weise die Thematik mit ihren verschiedenen Stationen und Einzelheiten repräsentieren, liegen bereit und laden zum Gebrauch ein. Auch deren Bedeutungen können nach Bedarf verändert werden.

Die Kommunikation der Teilnehmer bewegt sich zwischen abstrakten Einschätzungen und Verlautbarungen und der Konkretion, wie sie sich hier dinglich und räumlich darstellt. Es ist darauf zu achten, dass mit den Dingen nicht willkürlich, oberflächlich „gespielt“ wird. Sie haben ihre Ausstrahlung und Aussagekraft, wie sie ihnen von einzelnen Teilnehmern zugeschrieben wird. Das wird wertgeschätzt. Ein Manipulieren des vorhandenen Planes geschieht also mit Bedacht. Wer ihn verändert, übernimmt ein Stück Verantwortung.

Da es kein durchmodelliertes Baukastensystem mit entsprechenden dinglichen Repräsentanten gibt, haben die selbst mitgebrachten Dinge in ihrem Ausdruck einen unterschiedlichen Abstraktionsgrad. Ein Zahnrad ist das Symbol für die Werkstatt, ein „Hamburger“ für die Essecke, ein kleiner Bleistift repräsentiert das Meisterbüro usw.

Hat man solche Utensilien nicht zur Hand, bemalt oder betitelt man einen Zettel. Baukästen verschiedener Marken oder Modelle der Spielwarenindustrie stellen einen reichen Fundus an Material dar (hier ist ggf. auf den Markenschutz zu achten). Es sollten nicht zu viele Utensilien eingesetzt werden, sondern nur solche, die für die Thematik wichtig sind. (Es geht nicht um eine wunderschöne Modelleisenbahnlandschaft in ihrer totalen Vollständigkeit!) Es kann aber auch passieren, dass ein beiläufig platziertes Teil doch noch seine Bedeutung bekommt und man so zu guten Erkenntnissen gelangt. Das ist beabsichtigt und gehört zur Methode.

# Anwendungsbeispiele

## 1. Erlebnisorientiertes Marketing eines Handels- und Service-Filialbetriebes

Es handelt sich um einen Betrieb im Reifenhandel mit angeschlossener Werkstatt für verschiedene technische Dienstleistungen am Kraftfahrzeug. Aus der Sicht der Kunden muss nach einem Werkstattbesuch am eigenen Auto alles zuverlässig in Ordnung sein – sowohl technisch als auch „gefühlt". Hierbei spielen Vertrauen und Sicherheit eine große Rolle, aber auch positive emotionale Erlebnisse und das Preis-Leistungs-Verhältnis.

Deshalb geht es aus der Sicht des Kunden darum, alle örtlichen Stationen innerhalb dieses Dienstleistungssystems und das Erlebte auf allen Ebenen zu analysieren, um daraus Schlüsse zu ziehen für eine bessere Leistungserbringung, die Kommunikation mit den Kunden zu vervollkommnen und die Kundenzufriedenheit zu erhöhen.

Der Kunden durchläuft vom ersten gedanklichen Impuls an, etwas für sein Auto tun zu müssen, bis zur endgültigen Fertigstellung seiner gewünschten Leistungen zahlreiche Stationen, zum Beispiel auf dem Betriebsgelände. Hier gibt es Verunsicherungen im Ablauf, in der Kommunikation mit dem Dienstleister, möglicherweise unklar koordinierte Arbeitsabläufe, Mangel an zielgerichteten Informationen, ungenau abgegrenzte Kompetenzen etc. Häufig bleiben aber auch Möglichkeiten der Beratung und des Verkaufs ungenutzt.

Der Beginn ist möglicherweise ein Telefonat, welches glücken sollte. Es folgt die Anfahrt von der Straße, das Einfahren ins Betriebsgelände, Parken, Betreten des Eingangsbereiches, die Beratungs-Theke usw., usw. Der Szenarien-Plan deckt alle Bedingungen und Vorkommnisse auf und findet Potenziale einer Verbesserung. Wenn alle Stationen einbezogen sind, sind auch die entsprechenden Mitarbeiter einzubeziehen. Die Methode endet mit Verbesserungsmöglichkeiten und mit einem Training für die Mitarbeiter, wie sie sich in ihren Stationen kundenorientiert verhalten sollten.

## 2. Verbesserung der Produktion in manufakturartigen Produktionsbetrieben

Der Anteil der individuellen Qualifikation von Mitarbeitern an der Produktion und an der Produktivität ist in technisch gemischten Betrieben relativ hoch, d.h. vieles kommt auf den Mitarbeiter an, aber auch auf die ordentliche Beschaffenheit der technischen Voraussetzungen. Fehlerquellen liegen in beiden Bereichen dieses Mensch-Maschinen-Systems. Umso wichtiger ist, dass sie perfekt aufeinander abgestimmt sind.

Wie in jeder Produktion dieser Art durchlaufen Materialien von der Anlieferung bis zum Endprodukt verschiedene Stationen – und hierbei kann es zu Fehlerquellen kommen, die einer Verbesserung bedürfen, welche die Charakteristika dieser Produktionsstufe nicht verändert, denn das Endprodukt (zum Beispiel in der Kunstgewerbefertigung, in der Herstellung von Lebensmitteln, etc.) soll in seiner Zusammensetzung und im Erscheinungsbild erhalten bleiben.

Die einzelnen Stationen werden im Szenario-Plan detailliert dokumentiert und vor allem im Ablauf vorher und nachher betrachtet. Die Anforderungen der vorhandenen Technik an den Mitarbeiter stehen genauso im Mittelpunkt der Betrachtung wie die Erfordernisse der Mitarbeiter im Zentrum der Stationen als auch im Vorher und Nachher, d.h. die Übergänge und Fortläufe spielen eine entscheidende Rolle.

Beim Aufdecken möglicher Schwachstellen kann es für einzelne Mitarbeiter um „delikate" Ereignisse gehen, was zu langwierigen Konstruktionen des Szenario-Planes führen kann, bei dem das hier entworfene „haptische Lernen" zum Tragen kommt.

Neben technischen Ergänzungen können neue Unterweisungen der Mitarbeiter oder ein erforderlich gewordenes Kompetenztraining bzw. eine Schulung die Folge sein.

## 3. Kompetenztraining für Schüler aus bildungsfernen Schichten zwischen Schule und Arbeitsmarkt

Eine besondere Herausforderung ist die Beratungs- und Sozialarbeit mit Jugendlichen unterschiedlichster Herkunft und Lebenslagen. Das Ziel dabei ist, ihnen zu helfen, Entwürfe für ihre Alltagsbewältigung und für ihre berufliche Zukunft zu finden. Verschüttete und auch negative innere Bilder, die möglicherweise immer wieder Zuversicht zerstören, können, in Szenarien überführt, mit positiven Zielen besetzt werden. Andererseits können Szenarien dazu beitragen, verschüttete, aber sehr wohl im Alltag wirksame innere Bilder aufzudecken.

Wenn Schüler die Schwelle von der Schule in den Arbeitsmarkt bewältigen sollen, müssen sie einigen Erfordernissen gerecht werden, für die aber oft die entsprechende Kompetenz nicht vorhanden sein kann. Man trägt immer die gesamten Sozialisationsleistungen in sich, und an manchen Stationen des Lebensweges können sich diese als „Stolpersteine" (hier: Verletzungen, Unwissenheit, fehlende interkulturelle Adaption etc.) erweisen. Um einen Blick auf die verschiedenen Lebensbereiche werfen zu können, die beim Übergang in den Arbeitsmarkt förderlich oder hinderlich sind, bietet sich eine Betrachtung dieses Komplexes durch die Szenario-Plan-Methode an.

Das Elternhaus hegt Erwartungen, Ansprüche, hilft materiell oder das Gegenteil ist der Fall. Das weitere Umfeld eines Schülers ist ein anderer, gleichfalls wesentlicher Faktor, ebenso öffentliche Einrichtungen, zu denen man Zugang hat oder die es gar nicht gibt. Die Schule hat eine Wissens- und Kompetenzvermittlung durchgeführt, die durch formale Leistungstests dokumentiert ist. Welche Handlungskompetenz für die spätere Lebensstation drückt sich darin aus?

Ein speziell eingerichtetes Setting dient dazu, Kompetenzen für diese Übergangssituation zu trainieren und dabei zu helfen, die nächste Station zu schaffen: einen Praktikumsplatz oder einen Ausbildungsplatz zu finden oder eine andere Alternative für den beruflichen Fortgang zu erhalten. Dann ist entscheidend, ob diese Übergänge glücken oder fehlschlagen. Bei miserablen Arbeitsmarktverhältnissen kommt es besonders auf die subjektive Stärkung der Schüler an. Indem die verschiedenen Lebensbereiche als „Stationen" einbezogen werden, öffnen sich Potenziale, aber auch Umstände, die etwas verhindern, werden transparenter. Im Szenarien-Plan können die Beteiligten lernen, sich in die Richtung zu bewegen, die für sie sinnvoll ist. Sie lernen, die Umstände zu begreifen, von denen es abhängt, dass etwas glückt oder nicht glückt.

In diesem Training sind besonders Empathie und das Können der praktizierenden Trainer oder Pädagogen gefragt, geht es doch darum, in einem sehr wichtigen Lebensabschnitt der Betroffenen Chancen zu finden, die von ihnen selbst erkannt und getragen werden.

# 4. Qualitative empirische Sozialforschung

Die gesamte innere und äußere Konstruktion der Szenario-Plan-Methode bietet auch die Möglichkeit, sie für die (qualitative) Empirische Sozialforschung einzusetzen.

Das Setting mit seinen guten physiologischen Voraussetzungen für Kommunikation in Form des hier dargestellten „plastischen Lernens“ sowie die Vergegenständlichung von Einstellungen oder Anschauungen über die (subjektive) Wirklichkeit von Probanden in den „Repräsentanten“ des Szenarien-Planes lassen auf eine hohe Validität von Aussagen schließen. Interviewfragen oder Themenstellungen werden hier im wahrsten Sinne des Wortes „begriffen“, d.h. in hoher Authentizität wiedergegeben. Das sind auch für Beobachter direkte informatorische Zugänge für eine Datenerhebung, die in ihrer Ähnlichkeit und Wiederholbarkeit objektivierbar sind.

Einer Forschungsfrage mit einem hingeleiteten Thema bringt aus den inneren Bildern, dem Vorstellungsvermögen und dem tatsächlich (narrativ) Gesagten und auf dem Tisch Dargestellten eine Wirklichkeitsform der Beweisbarkeit hervor.

Gesagtes und Dargestelltes lassen sich in der Inhaltsanalyse auswerten. Auch gewollte Veränderungen in der Themen- und Fragestellung können beispielsweise durch Abfotografieren der vom Probanden manipulierten Szenarien festgehalten und ausgewertet werden.

Hierbei sind die Akteure sowohl Einzelpersonen als auch Gruppen.

# Häufig gestellte Fragen

**Frage:** Welche optimalen Voraussetzungen sollte eine Trainerin oder ein Trainer für diese Methode mitbringen?

**Antwort:** Generell die gleichen Voraussetzungen wie für andere methodisch begründete Trainings. Eine fundierte psychologische Zusatzqualifikation, aber auch erste Erfahrungen im Unterrichten, Beraten und Trainieren sind immer von Vorteil. Besonders subtil ist der Umgang mit den sogenannten „Repräsentanten", d.h. irgendwelchen Gegenständen, die mehr oder weniger konkret modelliert etwas zum Ausdruck bringen können, auch zum Mitschwingen. Mit diesen Abstraktionen umzugehen und sie als hilfreich anzusehen, ist etwas völlig anderes, als sich der üblichen modernen Unterrichtsmedien zu bedienen. Gut sind hier Erfahrungen zum Beispiel mit dem Handpuppenspiel, auch der Kunstform des Environment, der Installation und die Bereitschaft, die Dinge ohne Scheu ins Spiel zu bringen. Dabei ist immer auf die Abgrenzung zu Symbolbegriffen der Kunst oder auch tiefenpsychologischen Ausdrucksformen zu achten. Konkret: Ein auf den Kopf gestelltes Trinkglas kann eine schiefe Felswand veranschaulichen, an der etwas geschieht etc.; dies dient der hier angestrebten Veranschaulichung. Oder konkret interpretierbare innere Bilder können auch „symbolisiert" eingebracht werden. Es gibt aber keinen fertigen, standardisierten „Baukasten", der würde die Lebendigkeit und die Vielgestaltigkeit der Themen einschränken. Das hier ist tatsächlich so etwas wie der Gegenpol zur globalen E-Welt.

**Frage:** Wie wird das Ergebnis oder auch der Ablauf des Trainings dokumentiert?

**Antwort:** Das Thema oder die Aufgabe ist zu Beginn schriftlich festgehalten. Wer einen Methodenmix einsetzt (was meistens der Fall ist), hat automatisch am Flipchart, an der Pinnwand oder in anderen eingesetzten Medien und Materialien eine Dokumentation. Zusätzlich lassen sich aber der Ablauf und der Aufbau des „Szenarien-Planes" fotografieren (mit Erlaubnis der Teilnehmer). Daraus ergeben sich auch inhaltsanalytische Untersuchungsmöglichkeiten (vgl. Anwendungsbeispiel „Empirische Sozialforschung").

**Frage:** Wie hat man mit dem Faktor Zeit umzugehen?

**Antwort:** Trotz eines vorgegebenen Themas und einem Ziel, das alle Beteiligten eigentlich anstreben möchten, weiß man zu Beginn nicht, wie die innere Bereitschaft, zu lernen, miteinander zu kommunizieren und darüber hinaus den Szenarien-Plan mitzugestalten, ausgeprägt ist. Sich Zeit zu lassen ist hierbei sehr wichtig. Es gibt keine „mechanischen" Vorgaben wie in einem Lehrfilm, einem Videospiel oder einem standardisierten Planspiel. Aufeinanderfolgende Situationen erzeugen das Gefühl, dass sich hier mitunter ganz beiläufig etwas zuträgt, zu dem auch die Teilnehmer etwas beigesteuert haben. Das bedeutet viel an neuer Umgangsform (Stichwort „Entschleunigung") oder Mentalitätswechsel – im Vergleich zum heutigen Stress. Es kann aber sehr wohl auch sein, dass die Zeit, die man sich für eine Entwicklung zu Beginn lässt, später zu Zeitgewinnen führt. Man sollte so planen, dass man mit seiner Zeit zurechtkommt, sonst ist alles Bemühen nutzlos.

**Frage:** Warum ist diese Methode für „bildungsferne Zielgruppen" besonders geeignet?

**Antwort:** Es kommt hier nicht darauf an, ob jemand eine Sprache perfekt beherrscht oder fehlerfrei schreiben kann. Es gibt viele Möglichkeiten, sich auszudrücken, sodass auf jeden Fall eine Verständigung in der Gruppe in Bezug auf das Thema da ist. Noch wichtiger ist die persönliche Betroffenheit der Teilnehmer, wodurch erreicht wird, dass sie bei sich selbst etwas erkennen und gegebenenfalls mitteilen, dem Szenarien-Plan selbst „sagen" – also ihre Befindlichkeit modellieren. Auch das verstehe ich unter wohlmeinender Empathie.

**Frage:** Bei jeder Thematik oder Problemstellung gibt es eine objektive Vorstellung, wie ein Auftraggeber, eine Schule oder sonstige Organisation ein Problem in eine bestimmte Richtung gelöst haben wollen. Welche Garantien gibt es, dass diese Methode das leistet?

**Antwort:** Leider kann man dies nicht garantieren. In manchen Fällen hat man Teilnehmer, wo es eins zu eins deckungsgleiche Lösungen, erarbeitet durch die Teilnehmer, gibt. Das hat noch einen weiteren Effekt: Es führt zu einem sehr nachaltigen Verhaltensstil sowie großer Ausdauer und Zielstrebigkeit der Teilnehmer, eben weil die Lösung von ihnen selbst erarbeitet wurde. Es gibt aber auch Übungen, nach deren Ende nur festgestellt werden kann, dass diese

Zielgruppe oder einzelne Teilnehmer davon im Moment die Umsetzung in die gewünschte Richtung nicht schaffen können. Dann ergeben sich aus dem konstruierten Szenarien-Plan wichtige Erkenntnisse für die Teilnehmer, aber auch für den Auftraggeber bzw. Organisator. Insofern ist diese Methode eine Hilfe für Problemlösungen, aber auch Lehr- und Lernkonzept sowie eine empirische Methode für die Bestandsaufnahme von subjektiven Kompetenzen. In der Außengrenze des gestellten Themas ist festgelegt, woran man sich ggf. anzupassen hätte oder womit man umzugehen in der Lage sein sollte. Da man von außen gestellte Anforderungen oft nicht verändern kann, müssen neue Arrangements getroffen werden, und man merkt, wie aufwendig damit verbundene Synthetisierungsleistungen des Einzelindividuums sind.

**Frage:** Lässt sich diese Methode nicht stärker standardisieren, um sie zu vereinfachen und rascher in der Praxis anwenden zu können?

**Antwort:** Es gibt viele Variablen, die sich, wenn es sinnvoll erscheint, straffen lassen. So zum Beispiel die Außengrenze des Themas, objektive Zwänge, Richtlinien, unumstößliche Randbedingungen etc. Sie können weggelassen oder thematisiert werden. Oder Funktionalitäten, die im Aufbau angesprochen werden, können in vielfältiger Weise strenger oder weniger streng ausgelegt werden. Das und vieles andere ist die Entscheidung der pädagogischen Trainingsleitung. Von ihr hängt es weitgehend ab, wie variabel sie die einzelnen Säulen der Methode ausformt. Ansonsten ist diese sehr einfach zu handhaben; man kann ja auch nur *eine* Station in einem ganzen Ablauf szenisch thematisieren. Schon das gibt Einblicke in das, was davor war oder danach kommen wird.

# Literaturhinweise

Bei der Literatur handelt es sich nicht um wissenschaftliche Texte, die ich an einzelnen Stellen zitieren wollte, sondern um Autoren und deren Schriften, die mich ermutigt und angeregt haben, meine Praxiserfahrungen zu vertiefen und zu einer Anwendungsmethode zu verdichten. Diese Aufstellung ist nur eine Auswahl und damit natürlich unvollständig. Ein großer Schatz sozialwissenschaftlicher Arbeiten der letzten mindestens fünfzig Jahre könnte hier gut und gerne aufgelistet werden, wobei sich die verschiedenen theoretischen Richtungen sinnvoll und produktiv ergänzen sowie selbst untereinander im Dialog stehen.


BATAILLARD, VICTOR: Die Pinwand-Technik. Ein Leitfaden für den Einsatz in der Unternehmens-Praxis, Zürich 1985

BAUER, JOACHIM: Prinzip Menschlichkeit – warum wir von Natur aus kooperieren, Hamburg 2006

BERGER, PETER/LUCKMANN, THOMAS: Die gesellschaftliche Konstruktion der Wirklichkeit. Eine Theorie der Wissenssoziologie, Frankfurt a. M. 1967

BERNE, ERIC: Spiele der Erwachsenen. Psychologie der menschlichen Beziehungen, Hamburg 2002

BRUHN, MANFRED/STAUSS, BERND: Dienstleistungsqualität. Konzepte – Methoden – Erfahrungen, Wiesbaden 2000

DAHRENDORF, RALF: Versuchungen der Unfreiheit. Die Intellektuellen in Zeiten der Prüfung, München 2006

DEISSLER, KLAUS D./KENNETH, J. GERGEN (HG.): Die wertschätzende Organisation, Bielefeld 2004

HAMPE, RUTH/STALDER, PETER B. (HG.): Grenzüberschreitungen. Bewusstseinswandel und Gesundheitshandeln, Berlin 2008

HÖGSDAL, BERNT: Planspiele. Einsatz von Planspielen in der Aus- und Weiterbildung. Praxiserfahrungen und bewährte Methoden, Bonn 1996

HÜTHER, GERALD: Die Macht der inneren Bilder. Wie Visionen das Gehirn, den Menschen und die Welt verändern, Göttingen 2010

PEEZ, GEORG: Fotografien in pädagogischen Fallstudien. Sieben unterschiedliche qualitativ empirische Analyseverfahren zur ästhetischen Bildung - Theorie und Forschungspraxis, München 2006

POCHAT, GÖTZ: Der Symbolbegriff in der Ästhetik und Kunstwissenschaft, Köln 1983

PRZYBORSKI, AGLAJA/WOHLRAB-SAHR, MONIKA: Qualitative Sozialforschung. Ein Arbeitsbuch, München 2009

VON ROSENSTIEL, LUTZ: Grundlagen der Organisationspsychologie. 6., überarbeitete Auflage, Stuttgart 2003

SIEBERT, HORST: Die Wirklichkeit als Konstruktion, Bad Homburg 2005

VALE, EUGENE: Die Technik des Drehbuchschreibens für Film und Fernsehen, München 1987

VEITH, WERNER H.: Soziolinguistik. Ein Arbeitsbuch. 2. Auflage, Tübingen 2005

# Zum Autor

Michael Beck, Jahrgang 1950, wuchs in Ludwigsburg auf, wo er auch das Abitur ablegte. Es folgten das Studium der Sozial- und Wirtschaftswissenschaften an der Universität Erlangen-Nürnberg (Abschluss Diplom und Promotion im Bereich Bildungs-, Arbeitsmarkt- und Berufsforschung) und eine Ausbildung zum Psychotherapeuten in Innsbruck.

Seine berufliche Laufbahn vollzog sich in der Jugend- und Erwachsenenbildung, führte ihn als Dozent, Studienberater und Wissenschaftlicher Angestellter an die Hochschulen der Universitäten Nürnberg und Bamberg sowie zu verschiedenen Bildungsinstituten wie etwa dem Bildungswerk der Bayerischen Wirtschaft.

Über fünfzehn Jahre leitete er das von ihm gegründete private Bildungsinstitut bfe-Bildungspark mit bis zu 70 Mitarbeitern und über zehn Filialkursstätten in Deutschland und dem Seminar-Hotel „Schloss Daschow". Heute ist er als freiberuflicher Personalentwickler mit Büro in Nürnberg tätig.

Während seiner vielseitigen Lehr-, Forschungs- und Managerzeit beschäftigte sich Michael Beck mit den Bereichen wissenschaftliche Ausbildung und empirische Sozialforschung, berufliche und politische Bildung, Medienpädagogik, soziale Kulturarbeit, Psychotherapie sowie Personalberatung und -entwicklung. Viele Jahre leitete er den Kongress und die Messe „Planspielforum" sowie die „Deutsche Planspielzentrale" zur Förderung der Methode in der Jugend- und Erwachsenenbildung.

Aus der Weiterbildungs- und Beratungspraxis mit sehr unterschiedlichen Zielgruppen und der Verbindung zu den Sozialwissenschaften entstand die „Szenario-Plan-Methode"©.

# Summary

## Introduction to the Topic

A key question today is, what constitutes the need for a more exact and thorough examination of systems, entities, webs of relations, and processes in larger contexts and time units, and the need to analyse, improve, inform or train?

In this matter, it pays to proceed holistically, even though this concept has been overused and misused.

Business games (simulation games for companies) or system analysis are well-known training methods. They are a matter of extremely standardised, i.e. ready-made approaches, whereby knowledge or existing facts are inserted into a mathematical scheme and basically a result with slight variations according to a prefabricated plan is obtained.

The method presented here provides simple steps derived from plausible insights from social science as to how to arrive at subjective information in an open system, i.e. in a reality which is pre-existing or which is believed to be pre-existing, and how this information can be usefully brought to bear on your own concern.

In this process, you take account of parts of a system, or individuals and the surrounding environments and conditions, in an effort to view them in a context larger than usual, to see them without blinkers, without suffering from tunnel vision, or to put it positively, to look beyond the horizon.

The scenarios that come to light are examined and evaluated with an eye to coming up with a goal-oriented plan.

It is a platitude that more information and transparency regarding a situation always result in some kind of improvement. To achieve this goal, active participation is called for. The competence of the participants, in both a positive and in a negative sense, ability and inability, are called upon to achieve something perfect.

# Preface

About the experiences which led to this method:

These experiences had to do with counselling situations, the goal of which was to strengthen the competence of the counselees, seen as the key to solving their problems and making them fit for the challenge of a new perspective.

And it had to do with organisational development with the staff of a manufacturing production plant, in which serious problems could only be solved with the help and involvement of the staff – not by decree, dictated from outside or from above. In the long run, only a staff trained to be aware of the demands of honesty and conscious of their competence and their potential could reveal and solve the problem.

In both cases – in counselling and in organizational development – access to the target group and to their questions was the result of being open with those involved and gaining a sense of what the problem was all about.

In the process, it turned out that expressing oneself in scenarios and images is helpful, and that encouraging the authentic style of articulation and perception of the participants can be likewise helpful and effective.

Subsequently, as a result of this, there emerged certain principles and 'building blocks' or modules for systematically, i.e. methodically, dealing with similar problems,

whereby the basic attitude of well-meaning and respectful empathy is seen as the key to gaining access to a problem or getting off to a good start in counselling situations.

# Three-dimensional Learning

The practical application of the Scenario Plan Method means making use of a certain seminar situation in order to bring about the above-mentioned authenticity in the participants. This is not the classical seminar situation with its frequent use of electronic means and its frontal style of teaching.

In fact, it has turned out – this is true of different target groups – that you can express yourself very precisely in your own dialect or in an everyday language and way of speaking (with restrictions, e.g. certain young people are not permitted to use gutter language).

The participants do not sit or stand in one place. They can move about and use facial expression and gestures to give vent to their feelings. This lends support to what they want to express and is well understood by the others.

The construction and use of scenarios means working with objects, so-called objective representations, on a ground plan the size of a table, to give expression to the segments of reality which are intended or to be explored. The way the representations are placed and who places them are very important factors, as well as how they are then possibly changed by the group. Also, the manner in which individuals take part in or relate to this process is meaningful. But the physical distance to the scenario table or the degree of activity of individual participants has little significance at first.

This multidimensionality includes space, time, cognition (knowledge of facts), emotions (personal attitude), language, the presentation of personal actions (by manipulating the representatives) and also the use of the body (in terms of standard body language).

All of these dimensions make it easy to take part in a learning or creative process, and to feel part of the process.

## The Social Science Foundation

The result of almost a century of research in the social sciences, especially in sociology and social psychology, is a consensus that the meaning of objects, situations or relationships arises from the communication and interaction of those involved (symbolic interactionism).

These few words say it all. They say that it is people themselves who define their surroundings and the things in it, but also in coexistence or conflict with others. You only have to ask people what something means to them. If they aren't able to cope with their own interpretation, that interpretation must be discussed with the others who are involved in the situation, no matter who or what that is in society or in a segment of society.

That people play roles in certain contexts is a well-known concept. In interaction in a factual context or with others, there arise common or opposing definitions as to what certain things mean. It thus seems that not everything is conclusive and irrevocable, but that active processes shape our perception of reality. Subjective interpretations make for variables – something can be so, or it can be different. Which estimate is right? Those involved can reach an agreement on how they evaluate incidents, situations, other persons, etc. Or, in this case, very importantly, how they wish to use or beneficially apply something.

To facilitate all of these processes, you only have to set up the conditions in such a way that counselees or trainees can interact in and communicate these things in a relevant segment of reality. The results ensue practically automatically.

This comes from reacting to, or living out self-made scenarios, as is evident in many exemplary examples. Playing a scene in a true-to-life way facilitates learning.

## Social Location or Social Geography

An important, perhaps the basic principle in all of this is the experience that all behaviour takes place in a certain locality, a self-evident and banal truth. It is, however, interesting that in counselling sessions or learning processes this truth is not elaborated on and that the effect of these localities is given far too little attention.

A locality is a medium which conditions or promotes certain patterns of behaviour, or which - in connection with a clearly defined site – makes behaviour easier to describe. If you think of a certain kind of behaviour or a situation or experience, you always connect it with a locality, with all of its external features.

To speak about localities means evoking concrete powers of recollection and imagination (objectively-supported imagination and thought).

Personification is very important in this process. There are hardly any localities that lack identifiable persons, whose factual or desired behaviour can be categorised. By means of the medium of locality, personal behaviour can be more plausibly, more clearly and thus more easily discussed.

Given this degree of significance, localities afford knowledge of details otherwise seen as unimportant. And, as is well known, so-called details can be decisive when it comes to understanding certain processes.

The description of behaviour or changes in behaviour is thus always linked up to a locality. Social psychological connections, even anthropological laws, can be recognised in a social geography.

This social geography lends itself well to documentation, the documenting of processes of change, during or after the process.

Handling the concrete representatives in the scenario plan confirms the importance of, and the insight into, the connection of the factors WHO and WHAT and HOW and WHERE.

## Putting the Methodical Modules into Practice

The above-mentioned concept of 'social location' means viewing social reality in 'fields', or marked-out localities. Consequently, the events under consideration take place in sequences in these fields – stations. Sequential stations make sense together; they are mutually dependent, each station arising from the events of the preceding station.

Historical sciences have always used this thesis to try to explain events. Developmental psychology, and of course biology, have used it as well. Here the thesis is used analogically. The observation of different stations over time is the

observation of mutually dependent developmental stages. That is evident in the classification of the fields of application, in which the modules of the Scenario Plan Method can be used.

In factory-like production processes, including craft-related occupations, the proportion of human power in productivity is very high. Consequently, it is worthwhile to consider where there are weak points and potential for improvement.

Nowadays, the whole service sector is engineered or computer assisted. Nevertheless, the share of human power in productivity is very high, which means that the error rate and potential for improvement is also high.

A further area of practice is that of social processes, either institutional or individual, e.g. counselling situations.

In these idealised areas of practise, the application of the above-described modules is advantageous for gaining knowledge, exploring interrelationships and initiating processes of change. Common to these areas of practice is the high proportion of personal performance under certain conditions and the easily identifiable location of that performance in a context, and the linking of the stations in 'before' and 'after' – how constellations in a preceding station affect the station being investigated, and why they have that effect.